BEI GRIN MACHT SICH IHR
WISSEN BEZAHLT

AF148269

Anonym

Makroökonomie in der Volkswirtschaftslehre

Ein Überblick

GRIN Verlag

Bibliografische Information der Deutschen Nationalbibliothek:

Die Deutsche Bibliothek verzeichnet diese Publikation in der Deutschen National-
bibliografie; detaillierte bibliografische Daten sind im Internet über http://dnb.d-
nb.de/ abrufbar.

Impressum:

Copyright © 2014 GRIN Verlag GmbH
Druck und Bindung: Books on Demand GmbH, Norderstedt Germany
ISBN: 978-3-656-76703-9

Dieses Buch bei GRIN:

http://www.grin.com/de/e-book/281891/makrooekonomie-in-der-volkswirtschafts-
lehre

GRIN - Your knowledge has value

Der GRIN Verlag publiziert seit 1998 wissenschaftliche Arbeiten von Studenten, Hochschullehrern und anderen Akademikern als eBook und gedrucktes Buch. Die Verlagswebsite www.grin.com ist die ideale Plattform zur Veröffentlichung von Hausarbeiten, Abschlussarbeiten, wissenschaftlichen Aufsätzen, Dissertationen und Fachbüchern.

Besuchen Sie uns im Internet:

http://www.grin.com/

http://www.facebook.com/grincom

http://www.twitter.com/grin_com

Makroökonomie

A. Volkswirtschaftliche Gesamtrechnung

1. Gesamtwirtschaftliche Kreisläufe

1.1 Grundlegende Begriffe

Die Makroökonomische Theorie beschäftigt sich mit Verhalten und den Bestimmungsgründen von wirtschaftlichen Aggregaten. Ein solches Aggregat kann zum Beispiel das Gesamteinkommen aller Wirtschaftssubjekte in einer Volkswirtschaft sein. Neben dem Volkseinkommen sind aber auch Beschäftigung, Produktion, Zinsniveau, Inflation, Konsum und die Wirkung der Geld- und Fiskalpolitik auf diese Größen Gegenstand der Makroökonomie.

Wirtschaftssubjekte:

a) Unternehmen:
- Produzieren Güter oder Dienstleistungen
- Verkauf gegen Entgelt
- Gewinnerzielungsabsicht

b) Haushalte:
- Konsumieren
- Verkauf von Faktorleistungen
- Einkommenserzeilungsabsicht

c) Staatssektor:
- Bereitstellung von Dienstleistungen ohne direkte Gegenleistung

d) Ausland
- Wohn- oder Firmensitz nicht innerhalb der Staatsgrenzen

Transaktionen:
- Jeder Transfer zwischen Wirtschaftssubjekten
- Reale und monetäre Transfers
- In der Regel über Märkte
- Faktorleistungen, materielle/immaterielle Güter, Forderungen…

Arten wirtschaftlicher Aktivität:

Zweiseitiger Tausch:
- Tausch von Faktorleistungen gegen Produkt
- Kauf/ Verkauf von z.B. Forderungen gegen Produkt
- Realtausch

Einseitiger Tausch:
- Transfer von Leistungen
- Schenkung, Übertragung

Markttransaktionen (zentrale Basis der VWL Gesamtrechnung):
* zweiseitig über Märkte
* Bewertung der Güter zu Marktpreisen

Fiktive Transaktion:
* Hilfsmittel der VWLG bei unnormalen Transaktionen (Unternehmen baut Anlage selber)
Leistungstransaktion:
* die Höhe von Forderungen bzw. Verbindlichkeiten von Wirtschaftssubjekten werden verändert → Veränderung der Nettoposition/des Geldvermögens z.B. Gut auf Kredit verkauft

Finanztransaktion:
* Nettoposition wird nicht verändert, nur eine Umschichtung des Kapitals, also Struktur des Geldvermögens verändert sich z.b. mit Bargeld Aktien kaufen

1.2 Kreislauf der offenen Volkswirtschaft mit Staat und Außenhandel

Erfasst werden nur monetäre Ströme, da die Realströme genau entgegengesetzt fließen.

Flussdiagramm:

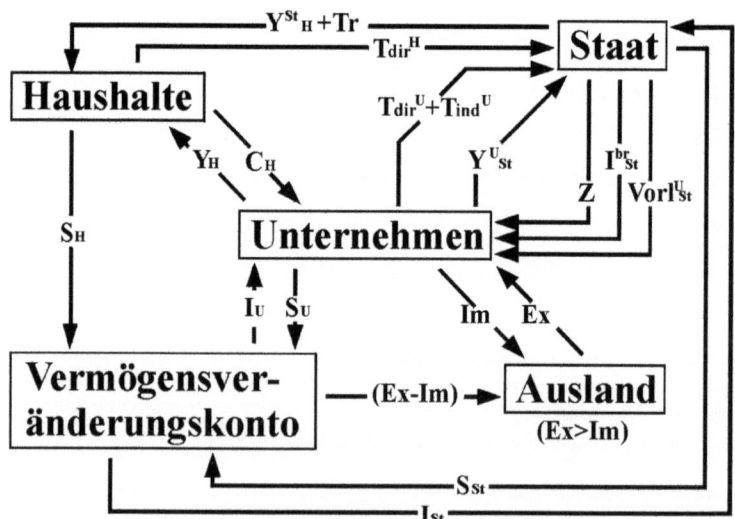

* T_{dir} direkte Steuern   - H z.B. Lohn- und Einkommenssteuer
                                        - U z.B. Gewinn und Umsatzsteuer
* T_{ind} indirekte Steuern – Mwst. von H bezahlt aber vom U abgeführt
* Y^U_{St} staatliche Beteiligung am U – Dividente, aus Beteiligung mit Kapitalvermögen
* Y^{St}_H Entlohnung der Faktorleistung der H
* Tr Transfers z.B. Bafög, Sozialhilfe zu H
* Z Subventionen, Zuschüsse an U

- Vorl^{U}_{St} kaufen von Vorleistungen vom U (Konsumgüter – in Periode verbraucht)
- I^{br}_{St} kaufen von Investitionsgütern – Gegenbuchung in I_{St}, aber nur
  Nettoinvestition, Differenz sind Abschreibungen, Staatsverbrauch
- S_{St} Sparen des Staates

Weitere Darstellungsformen:
- Kontensystem
- Gleichungssystem
- Matrix

2. Gesamtwirtschaftliche Konten

2.1 Begriffe

- Produktionswert:
  Summe der zu Herstellungspreisen bewerteten Produktionsergebnisse der Periode

- Herstellungspreis:
  Verkaufspreis ohne die vom Käufer zu zahlende Steuer

- Vorleistungen:
  Werteverzehr an Sachgütern und Dienstleistungen für die Produktion der Periode

- Abschreibung:
  Werteverzehr an Investitionsgütern in der Periode

2.2 Produktionskonto

2.2.1 Anmerkungen zum Unternehmens-Produktionskonto

Auf der Habenseite wird der bewertete Output ausgewiesen. Er ist der Wert aller Güter, die im Rechnungszeitraum produziert wurden. Auf der Sollseite werden die Vorleistungen verbucht, sowie die Bruttowertschöpfung.

Produktionswert (PW)

- 4. Verbrauch an Vorleistungen
- 5. Nettoproduktionsabgaben
  (überwälzte Produktions- und Importsteuern
  abzüglich Subventionen, die die Produktion verbilligen)

Brutto-Wertschöpfung (BWS)

- 6. Abschreibungen

Wertschöpfung (WS)
  [Löhne, Gehälter, Zinsen, ausgeschüttete + unausgeschüttete
  Gewinne] nach der realen Methode.

2.2.2 Anmerkungen zum Haushalts-Produktionskonto

Produktionswert = Output der Einzelunternehmen, Landwirte
und Selbständigen
+ Reparaturen selbstgenutzter Wohnungen
und Garagen
(aber ohne sonstige Haushaltsproduktion)

Wertschöpfung = Einkommen der Landwirte, Selbständigen
und ihrer Mitarbeiter
+ Betriebsüberschüsse aus selbstgenutzten
Wohnungen

2.2.3 Gesamtwirtschaftliches Produktionskonto

S   H

4. **Import**	1. Konsum C
5. Nettoproduktions-	(Privater Konsum C_H
abgaben	Staatskonsum C_{St})
6. Abschreibungen (D)	2. Bruttoinvestition
	$(I^B_{St} + I^B_U)$
7. Wertschöpfung	
(Faktoreinkommen)	3. **Export**

Beachte: Faktoreinkommen, Subventionen und Transfer mit dem
Ausland werden zunächst vernachlässigt.

2.3 Einkommenskonto

S   H

5. Konsum (C)	1. inländische Wertschöpfung
($C_H + C_{St}$)	(M 3.2/7 Nr. 7)
	(2. Saldo: Erwerbs- + Vermögens
6. Sparen (S)	einkommen mit dem Ausland)
($S_H + S_{St} + S_U$)	(3. Saldo der lfd. Übertragungen
	mit dem Ausland)
	4. Nettoproduktionsabgaben

Beachte: Die Salden Nr. 2 + 3 sind positiv oder negativ.
Inlandseinkommen < **Inländer**einkommen (oder >)

4

2.4 Vermögensänderungskonto

S	H
1. **Bruttoinvestition (I_B)** 2. Finanzierungssaldo gegenüber dem Ausland (i.d.R. positiv)	3. Sparen (S_H, S_{ST}, S_U) 4. Abschreibung (D) 5. Saldo der Vermögenstransfers gegenüber dem Ausland

Auf der Habenseite des Vermögensveränderungskontos wird die Vermögensbildung nach Herkunftsarten, auf der Sollseite die Vermögenslage nachgewiesen.

2.5 Finanzierungskonto

S	H
1. Änderungen der eigenen **Forderungen** an andere	2. Änderungen der eigenen **Verbindlichkeiten** 3. **Finanzierungssaldo (+ oder -)**

3. Volkswirtschaftliche Gesamtrechnung in Deutschland

Erfassung:
* Dezentral in den statistischen Landesämtern
  o Daten gehen an das statistische Bundesamt in Wiesbaden
  o Aufstellung der VWGR nach Richtlinien der EU und der UNO
* Die Sektoren werden weiter aufgegliedert

Unternehmen:
* Land- und Forstwirtschaft, Fischerei
* Warenproduzierendes Gewerbe
* Handel und Verkehr
* Dienstleistungen

Haushalte:
* Haushalte
* Organisationen ohne Erwerbscharakter

3.1 Entstehungsrechnung

Aufgabe der Entstehungsrechnung ist es, die Beiträge der einzelnen Wirtschaftsbereiche zur gesamten Bruttowertschöpfung zu erfassen.

Produktionswert zu Herstellungskosten	(Datenbasis aus der Bilanz – Wert der Verkäufe ohne Gütersteuern + Eigenverbrauch und Produkte auf Lager + Subventionen)
- Vorleistungen	(Materialien in Periode schon Verbraucht)

= Bruttowertschöpfung (unbereinigt)	(Zinsen der Banken als VL noch enthalten)
- unterstellte Bankgebühren	(Differenz vom Habenzins und Sollzins)

= Bruttowertschöpfung (bereinigt)
+ Nettogütersteuern

= Bruttoinlandsprodukt zu Marktpreisen (BIP)
+ Saldo der Primäreinkommen aus der übrigen Welt

= Bruttonationaleinkommen
- Abschreibungen

= Nettonationaleinkommen

Inlandskonzept (BIP):
Das Inlandskonzept betrachtet eine Volkswirtschaft als Gesamtheit der innerhalb der Grenzen des Landes ansässigen produzierenden Wirtschaftseinheiten.
Das Inlandsprodukt enthält alle und nur alle im betrachteten Gebiet aus der Produktion entstandenen Einkommen.

Bruttoinlandsprodukt:
Man versteht darunter den Wert aller Endprodukte, die innerhalb der Grenzen eines Landes von Personen in einer bestimmten Periode erzeugt wurden. Das BIP basiert auf dem Inlandskonzept.

Inländerkonzept (BNE):
Nach dem Inländerkonzept wird die Volkswirtschaft aufgefasst als eine Gesamtheit von Inländern.
Das Inländerprodukt enthält den Saldo der Primäreinkommen zwischen Inländern und der übrigen Welt.

Bruttonationaleinkommen:
Darunter versteht man den Wert aller Endprodukte, die in einer Volkswirtschaft von den Inländern in einer bestimmten Periode erzeugt wurden. Das BNE beruht auf dem Inländerkonzept.

3.2 Verwendungsrechnung

Privater Verbrauch
+ Staatsverbrauch
+ Ausrüstungsinvestitionen
+ Bauinvestitionen
+/- Vorratsänderungen
+ Ausfuhr
- Einfuhr

= Bruttoinlandsprodukt zu Marktpreisen (BIP)
+ Saldo der Primäreinkommen aus der übrigen Welt

= Bruttonationaleinkommen
- Abschreibungen

= Nettonationaleinkommen

3.3 Verteilungsrechnung

Nettonationaleinkommen
- Tind (Produktions- und Importabgaben)
+ Z (Subventionen)

= Volkseinkommen

Bruttoinlandsprodukt:
$$BIP = C_H + C_{ST} + I^{Br} + (Ex - \text{Im})$$

Bruttonationaleinkommen:
$$BNE = BIP \pm \text{ Saldo der Primäreinkommen mit der übrigen Welt}$$

Nettonationaleinkommen:
$$NNE = BNE - D$$

Volkseinkommen:
$$VE = NNE - T_{ind} + Z$$

Bruttoinvestitionen:
$$I^{Br} = I^N + D$$

Privater Verbrauch:
$$C_H = BIP - I^N - AB - C_{ST}$$

Das BNE wird häufig zur Charakterisierung der Wohlfahrt der betreffenden Gesellschaft verwendet. Die Verwendungsrechnung zeigt den Verbrauch auf.

Inwieweit kann das BIP als allgemeiner Wohlfahrtsindikator angesehen werden:
- Das BIP ist ein Durchschnittswert
- Andere Wohlfahrtsindikatoren könnten z.b. Freizeit oder Gesundheit sein
- Externalitäten, die nicht zu Kosten führen
- Schattenwirtschaft und Schwarzarbeit werden nicht berücksichtigt
- Die Berechnung BIP ist in der EU einheitlich, nicht aber außerhalb der EU
- Selbstversorgung wird vernachlässigt
- Statistische Ungenauigkeit
- Bewertungsprobleme (fiktive Bewertung von bestimmten Gütern)

3.4 Probleme und Grenzen der VWGR

- verschiedene statistische Ungenauigkeiten:
  o VWGR ist eine Sekundärstatistik, d.h. verwendet Daten, die für einen anderen Zweck aufgestellt wurden, Primärstatistiken werden unterschiedlich abgegrenzt
  o Daten stehen erst am Ende der Periode zur Verfügung – manche sogar einige Jahre später, da Aggregationen gebildet werden, verwendet man für diese Daten vorerst Schätzwerte
  o Fehler beim BIP bei rund 3% (erste Schätzung hat größten Fehler), wird im nachhinein korrigiert
  o heute versucht man durch Programme die erfahrungsmäßigen Korrekturen gleich vorzunehmen

- sämtliche staatliche Leistungen werden als Endprodukt angesehen:
  o z.B. Verteidigungsausgaben des Staates werden als Konsum gewertet
  o Bildungsausgaben: Teil als Konsum, Teil als Investition

- allgemeines Bewertungsproblem:
  o normalerweise Bewertung nach Marktpreisen z.B. Stundenlohn, Produkt
  o aber: Eigenverbrauch → kein Marktpreis →Bewertung nach Herstellungskosten z.B. Bauer isst Schwein selber

- Problem der Zurechnung der Subventionen
  o werden die Subventionen dem Unternehmen zugerechnet, sinken die Kosten
  o werden die Subventionen dem Haushalt zugerechnet sinkt nur der Preisintertemporale Vergleichbarkeit:
  o nicht gegeben bzw. schwierig, da sich Marktpreise ändern, bzw. bei steigender Produktqualität gleich bleiben etc.
  o Veränderungen müßten heraus gerechnet werden, dieses ist aber oft nicht möglich
    ▪ z.B. Produktpreise für PC sinken, aber Qualität nimmt immer weiter zu

- Erfassungsgrenzen:
  o nur was steuerlich, buchhalterisch erfaßt wird kann übernommen werden
  o Heimarbeit, Selbstversorgung
  o Schatten- und Untergrundwirtschaft (Schwarzarbeit, Tendenz zunehmend)
  o illegale Geschäfte (Raubgeschäfte, Drogendealer, Umschlag gestohlener Waren)
  o Investitionen werden auch nicht vollständig erfaßt
    ▪ Investition eines Unternehmen wird erfaßt
    ▪ Investition eines Haushaltes (z.B. Garagenbau) nicht

- Externe Effekte:
  - o sind Kosten / Erträge die nicht vom Verursacher zu zahlen sind
    - z.B. Unternehmen verbraucht Wasser und läßt es verschmutzt wieder in den Fluß zurück → Fischzüchter hat Probleme und Kosten
  - o erfaßt wird nur die Schadensbeseitigung
- → Versuch diese Externe Effekte in der Ergänzungsrechnung zu erfassen

4. Ergänzungsrechnung

4.1 Soziale Indikatoren

Ausgangspunkt: man wollte vom BIP ausgehend den Wohlstand berechnen

Probleme:
- Freizeit, Umweltbelästigung und –verschmutzung etc. nicht erfasst
- manche Größen beeinflussen den Wohlstand nicht

Vorschlag von Tobin (vom BIP ausgehend):
- Wohlstand nicht steigernde Größen abziehen z.b. Polizei, Militär, Straßenerhaltung ...)
- Zwischenprodukte abziehen (Fahrtkosten ...)
- Bildungsausgaben generell als Investitionen werten
- Freizeitzunahme verbuchen und bewerten
- Externe Effekte wie z.b. Luftverschmutzung bewerten
- → Bewertung dieser Faktoren sehr problematisch
- → verschleiernde Aggregation
- → Umrechnung vom BIP auf den Wohlstand nicht möglich

Alternativer Ansatz über zusätzliche Erfassung sozialer Indikatoren:
- Aufgabe: Lebensverhältnisse messen, neben Versorgung mit Gütern noch andere Aspekte erfassen
- Aspekte:
  - o Lebenserwartung - ist fast proportional zum BIP
    - Seuchensterblichkeit
  - o wirtschaftliche Situation: - Einkommen , Vermögen
    - Wohnraum in m2 , Eigenheim?
  - o physikalische Umwelt: - Schadstoffbelastung
  - o Ausbildung: - Ausbildungsstand – Wer kann das ABC?
    - Ausbildungsdauer
  - o Arbeitsqualität: - Arbeitszeit, Zahl der Schicht-, Nacht-, Wochenendstunden
    - Anzahl der Urlaubstage, -flüge
    - Anzahl der (tödlichen) Arbeitsunfälle
    - Arbeitslosigkeit
  - o Sicherheit   - Anzahle der Raubüberfälle, Diebstähle

- Indikatoren können nicht aggregiert werden, unterschiedliche Bewertung
- → Satellitensystem aufgebaut z.B. Umweltberichterstattung

4.2 Input – Output – Tabellen

Aufkommen	Verwendung 1.	2.	3.	Ins.	Letzte Verwendung C_H	C_{ST}	C_{pO}	I_B	Ex	insge- samt
1.										
2.										
3.										
Vorleistungen										
Güterst.- Sub.										
Vorl. zu An. P										
Abgaben-Sub.										
AN Entgelt										
D										
BWS										
Im										
Güteraufk.										

Um die Abhängigkeit eines Wirtschaftsbereiches von anderen zu erfassen, ist die Kenntnis der Vorleistungsverflechtungen wichtig. Diese Liefer- und Empfängerbeziehungen werden in Input-Output-Tabellen erfasst, die von Leontief entwickelt wurden.

In der Zentralmatrix werden die Vorleistungslieferungen und –bezüge der Produktionsbereiche wiedergegeben. In der Kopfzeile stehen die empfangenen Bereiche, in der Kopfspalte die liefernden Bereiche. Nahezu alle Produktionsbereiche sind gleichzeitig Vorleistungsempfänger und –lieferanten.

Die Produktionsbereiche liefern nicht nur Vorleistungen, sondern stellen auch Güter für die Endnachfrage bereit. Diese Verkäufe an private Haushalte, Staat, Ausland und die Verkäufe von Investitionsgütern an andere Unternehmen werden in der rechten Randmatrix festgehalten.
Zur Produktion ist außer dem Vorleistungseinsatz auch der Einsatz primärer Inputs erforderlich. Für sie werden entsprechend dem Aufbau des Produktionskontos neben den Löhnen und Gewinnen die Abschreibungen, die Nettogütersteuern und die Importe angesetzt und in der unteren Randmatrix erfasst.

Grenzen:

- Ex-post Betrachtung der Verflechtungen (3 - 4 Jahre alt) (schwer für Prognosen)
- Grundlage sind die Preisrelationen des letzten Jahres → Einsatzverhältnisse können sich ändern
- Prognosen nur möglich wenn Preise/Technik konstant bleiben und lineare Produktion → diese Annahme ist unrealistisch
  z.B.: - Änderung der Ölkosten in den 70er Jahren
  - neue Technologien durch technischen Fortschritt
  - Skalenerträge in vielen Preisen – Kosten sinken bei Mengenerhöhung

→ sehr begrenztes Mittel für Prognosen; Mittel zur Beschreibung der Vergangenheit (bei Erscheinen schon längst veraltet)

4.3 Finanzierungsrechnungen

- Stromgrößen einer Periode werden erfasst
- nicht vom Statistischen Bundesamt sondern Veröffentlichung der Bundesbank
- basierend auf Unternehmensbilanzen (70000-80000 Stück)
- Unternehmen müssen bei Kreditaufnahme Bilanzen an die Banken geben – diese werden zur Bundesbank weitergeleitet
- Hochrechnung auf alle Unternehmen für Kreditwürdigkeit
- Untersuchung der Forderungen und Verbindlichkeiten der 4 Sektoren
- Ziel: Anlageverhalten von U, H incl. PO ohne Erwerbscharakter, Finanzinstitute Staat (Gemeinde, Länder, Versicherungen) und Ausland
- detaillierte Untergliederung der Finanzströme der Sektoren (Unterscheidung Bargeld, Sichteinlagen, Spareinlagen ...)
→   Anlageverhalten;   Gegenüberstellung   von   Sachvermögensbildung (Nettoanlageinvestitionen, Veränderung in den Vorräten, Veränderung der nicht-produzierenden Vermögensanlagen) & Sparvolumen für einzelne Jahre

4.4 Zahlungsbilanzstatistik

- die systematische, wertmäßige Aufstellung aller wirtschaftlichen Transaktionen zwischen Inländern und Ausländern in einer bestimmten Periode
- ist eine Stromgröße; Zeitraum ist meistens ein Jahr, aber auch Quartal, oder Monat
- Inländer: - Firmen und andere Wirtschaftssubjekte mit Sitz im Inland
- wirt. Transaktionen:
  o Übertragungen von Waren und DL, Vermögenstitel im weitesten Sinne, Rechten, Lizenzen, Schenkungen (nicht nur Verkauf, sondern auch Übertragung von Dienstleistungen (z.B. Straßenstrich in Polen))
  o werden doppelt gebucht
  o Aktivseite: Güterexport, Kreditaufnahme
  o Passivseite: Transaktionen mit Kapitalabgang (Importe)
  o setzt sich aus verschiedenen Unter- bzw. Teilbilanzen zusammen

I. Leistungsbilanz
    1. Außenhandel
        (Saldo aus Export(+) und Import(-))
    2. Ergänzung zum Warenhandel
        (Nachträgliche Heruntersetzung durch Rücksendungen, Storno...)
    3. Dienstleistungsbilanz
        (Saldo von Export und Import DLs (Reise, Transport, Versicherungen)
    4. Saldo der Erwerbs- und Vermögenseinkommen
        (Zwischen Inländern und Ausländern)
    5. Saldo der laufenden Übertragungen
        (Übertragungen vom Ausland ins Inland, bzw. vom Inland ins Ausland)
    Leistungsbilanzsaldo
II. Saldo der Vermögensübertragungen
III. Kapitalbilanz (Nettokapitalexport negativ, Nettokapitalimport positiv)
    1. Saldo der Direktinvestitionen
    2. Saldo der Wertpapiertransaktionen
    3. Saldo der Finanzderivate
    4. Saldo des Kreditverzehrs
    5. Saldo der sonstigen Kapitalanlagen
    Kapitalbilanzsaldo
IV. Veränderung Währungsreserven
V. Saldo statistisch nicht aufgliederbarer Transaktionen

B. Makroökonomische Theorie

1. Der Gütersektor

1.1 Konsumgüternachfrage des Haushaltssektors

1.1.1 Konsumfunktion nach Keynes

These:
Für KEYNES ist die Konsumgüternachfrage vom Realeinkommen und nicht vom Zins abhängig. Er sieht auch andere Faktoren, welche die Konsumnachfrage beeinflussen, kommt aber zum Schluss, dass das Volkseinkommen der bedeutendste Faktor ist. Steigendes Einkommen bewirkt einen Anstieg des Konsums, aber um weniger als das Einkommen selber angestiegen war.

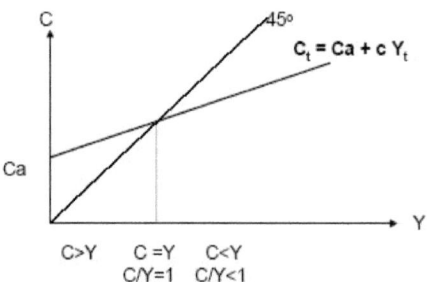

Die marginale Konsumquote bzw. die Grenzneigung des Konsums ($dC/dY = c$) ist niedriger als die durchschnittliche Konsumquote ($C/Y = \varnothing C$); $c < \varnothing C$.

Die marginale Konsumquote gibt an, welcher Anteil des zusätzlichen Einkommens ausgegeben wird.

Es kommt zu einer Sättigung, d.h. der Anteil des Konsums sinkt mit steigendem Volkseinkommen.

Beachte:
Steigt Ca, so verschiebt sich die Funktion. Steigt c, so dreht sich die Funktion.

Es gilt immer:
$\varnothing C + \varnothing S = 1$ bzw. $C_t/Y_t + S_t/Y_t = 1$
$c + s = 1$ bzw. $dC/dY + dS/dY = 1$

Beachte:
C_t ist von Ca, c und von Y_t abhängig. Ca und c werden häufig als konstant gesetzt.

Aus der Konsumfunktion folgt die Sparfunktion:
$C_t = Ca + c\, Y_t \Rightarrow S_t = -Ca + (1-c)\, Y_t$

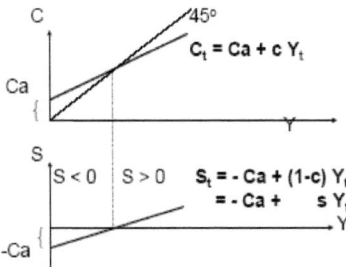

Kritik an der Konsumfunktion von Keynes:

- Die empirische Funktion ist von der Zeitraumlänge abhängig
- Jahreswerte für c schwanken je nach Länge und Wahl des Zeitraums
- Ca ist nicht plausibel, da bei einem Volkseinkommen von Null nichts konsumiert werden kann, ist nur eine statistische Größe
- Konsumausgaben ≠ Konsum

1.1.2 Absolute Einkommenshypothese

In der Volkswirtschaft sind verschiedene Theorien entwickelt worden, die zur Erklärung der unterschiedlichen durchschnittlichen Konsumquoten dienen können. Nach der absoluten Einkommenshypothese sind Funktionen mit konstanter durchschnittlicher Konsumquote statistische Trugbilder, die sich dadurch ergeben, dass sich die „richtige" Konsumfunktion im Zeitablauf nach oben verschiebt.

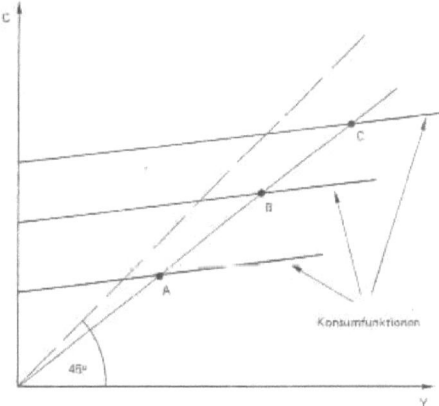

Abb. 3.3   Absolute Einkommenshypothese

Die Punkt A, B und C liegen auf unterschiedlichen Konsumfunktionen. Die Gerade durch die Punkte A, B und C ist hiernach keine Konsumfunktion.

Die Schwierigkeit bei der absoluten Einkommenshypothese besteht darin, dass es häufig nicht gelingt, die Konsumfunktion eindeutig zu identifizieren, die sich im Zeitablauf nach oben verschiebt.

1.1.3 Relative Einkommenshypothese

Nach der relativen Einkommenshypothese ist bei der Analyse des Konsumverhaltens zwischen kurz- und langfristiger Konsumfunktion zu unterscheiden.

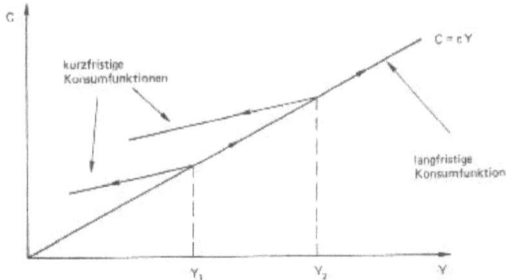

Bei einer Einkommensreduktion wird der Konsum nur allmählich verringert. Es findet kurzfristig eine Bewegung nach links auf der kurzfristigen Konsumfunktion statt. Erst wenn sich die Einkommensreduktion als dauerhaft herausstellt, wird der Konsum auf das Niveau der langfristigen Konsumfunktion verringert. Bei einer Einkommenserhöhung hingegen wird der Konsum sofort entsprechend der langfristigen Konsumfunktion angehoben. Durch diese Unterscheidung zwischen kurz- und langfristiger Konsumfunktion gelingt es den Widerspruch der verschiedenen marginalen Konsumquoten aufzuheben, allerdings wird die unterschiedliche Reaktion auf Einkommenserhöhung und Einkommenssenkung nicht erklärt.

1.1.4 Permanente Einkommenshypothese (Friedmann)

Nach der permanenten Einkommenshypothese sind die Haushalten bestrebt, ihren Konsum um Zeitablauf möglichst stetig zu gestalten. Die Haushalte verändern ihren Konsum bei Einkommensveränderungen nur allmählich und nicht abrupt. Im Gegensatz zur relativen Einkommenshypothese gilt diese Verhaltensannahme allerdings auch bei steigendem und nicht bei sinkendem Einkommen.

Die Konsumausgaben einer bestimmten Periode sind nach dieser Hypothese nicht an dem tatsächlichen Perioden-Einkommen orientiert, sondern vielmehr ab dem über einen längeren Zeitraum im Durchschnitt erwarteten so genannten permanenten Einkommen. Eine entsprechende Konsumfunktion ist $C = c\ Yp$.

Die permanente Einkommenshypothese ist sehr plausibel und lässt sich theoretisch auch sehr gut begründen. Die Schwierigkeit besteht in der Bestimmung des permanenten Einkommens.

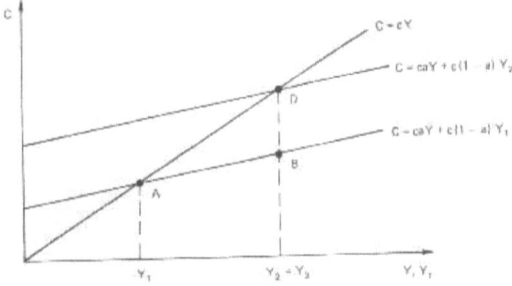

In Punkt A entspricht das tatsächliche dem permanenten Einkommen und der Konsum beträgt C = cY1. Steigt das Einkommen auf Y2>Y1, dann wird dies im Konsum zunächst nur mit dem Gewicht a<1 berücksichtigt (Bewegung von A nach B). Erweist sich die Einkommenserhöhung als dauerhaft Y3 = Y2, dann erhöht sich die Konsumfunktion auf cY2 (Punkt D).

1.1.5 Unterschiede zwischen Keynes und Friedman

KEYNES	FRIEDMAN
Keine Erwartungsbildung	Erwartungsbildung über das permanent erwartete Einkommen
Einkommensunabhängiger Konsum	Kein Einkommensunabhängiger Konsum
c ist abhängig vom laufenden Konsum	c ist nicht abhängig vom laufendem Konsum
Kurzfristige Betrachtung	Langfristige Betrachtung
Durchschnittliche Konsumquote C/Y sinkt	Durchschnittliche Konsumquote C/Y bleibt konstant

1.1.6 Vermögenstheoretische Konsumfunktion (Lebenszyklus-Hypothese)

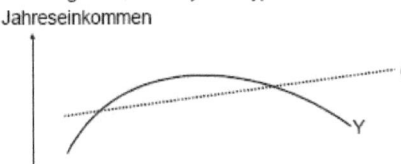

Die Lebenszyklus-Hypothese geht von der gleichen grundsätzlichen Annahme aus wie die permanente Einkommenshypothese. Es wird vermutet, dass die Haushalte einen möglichst kontinuierlichen Konsumstrom über ihren gesamten Lebenszyklus anstreben. Gegenüber der permanenten Einkommenshypothese wird jedoch der Vermögensbestand ausdrücklich als Determinante des Konsums berücksichtigt. Die Haushalte streben aus verschiedenen Gründen einen bestimmten Vermögensbestand an und berücksichtigen dies bei ihren Konsumentscheidungen. Vermögen lässt sich als ein Bestand interpretieren, aus dem künftiges Einkommen fließt. Jede Veränderung des Vermögens ist also gleichbedeutend mit einer entsprechenden Änderung des permanenten Einkommensstromes. Wegen der Abhängigkeit des Konsums vom permanenten Einkommen ist somit der Konsum abhängig von dem Bestand an Vermögen. Es gilt:

$C_t = c_1 Y_t + c_2 Y_{t-1} + c_3$ reale Geld- $+ c_4$ Sach-
$+ c_5$ Humankapital $+...$
mit $c_1 + c_2 + c_3 + c_4 + c_n \leq 1$

1.2 Investitionsgüternachfrage des Unternehmenssektors

1.2.1 Investitionsbegriff

Allgemein kann man unter Investitionen die Verwendung finanzieller Mittel zur Beschaffung von Sachvermögen, immateriellen Vermögen oder Finanzvermögen verstehen.

Investitionsentscheidungen werden auf der Grundlage von Investitionsrechnungen getroffen. Dabei ist bedeutend, wie die zur Verfügung stehenden Daten ausgewählt und beurteilt werden. Wichtig ist die Berücksichtigung von Unsicherheiten, mit denen Annahmen über zukünftige Daten behaftet sind. Dies gilt besonders für längerfristige Investitionen.

1.2.2 Investitionsarten

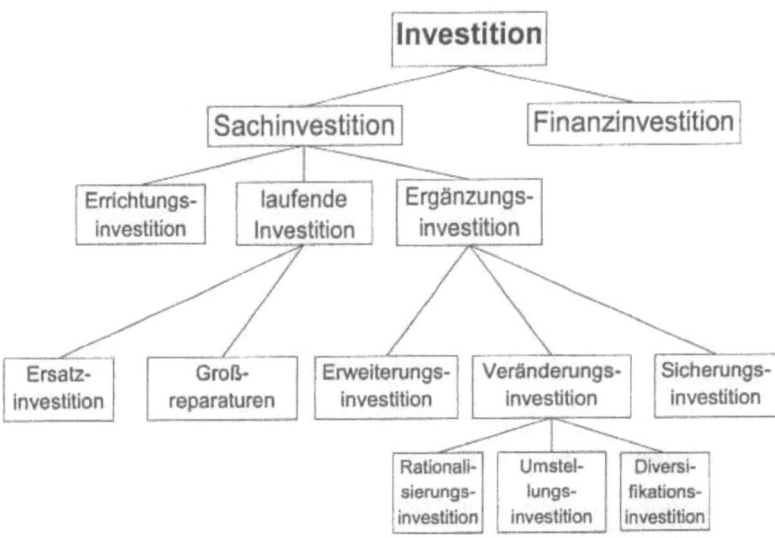

- Ersatzinvestition: Darunter versteht man den identischen Ersatz von gebrauchten und verbrauchten Investitionsobjekten. Die Leistungsfähigkeit bleibt dabei erhalten.
- Rationalisierungsinvestition: Wird durchgeführt, um die Leistungsfähigkeit des Unternehmens zu erhöhen.
- Erweiterungsinvestition: Erweiterung der vorhandenen Kapazitäten eines Unternehmens, um beispielsweise Produktionsengpässe zu beheben.
- Sicherungsinvestition: Darunter sind alle Investitionen zusammengefasst, die die Sicherung bzw. das Fortbestehen eines Unternehmens gewährleisten.
- Diversifizierungsinvestition: Damit ist besonders die Erschließung branchenfremder Märkte durch die Beteiligung an Unternehmen gemeint.

1.2.3 Investitionsrechnungen

1.2.3.1 Die Kapitalwertmethode

Die Kapitalwertmethode (KWM) ermittelt den Barwert (Kapitalwert) einer bevorstehenden Investition durch Diskontierung der Zahlungsreihen auf den jetzigen Zeitpunkt.

$$C_0 = \sum_{t=0}^{n} (E_t - A_t) \cdot \frac{1}{(1+i)^t}$$

oder bei Ersetzen von E – A durch Z und (1+i) durch q

$$C_0 = \sum_{t=0}^{n} \frac{Z_t}{q^t}$$

bzw. bei Ausgliederung der Anschaffungsauszahlung zum Zeitpunkt Null und des Liquidationserlöses im Zeitpunkt n:

$$C_0 = -I_0 + \sum_{t=0}^{n} \frac{Z_t}{q^t} + \frac{L_n}{q^n}$$

t :	Einzelne Perioden von 0 bis n
E_t :	Einzahlungen der Periode t
A_t :	Auszahlungen der Periode t
Z_t :	Rückflüsse der Periode t
C_0 :	Kapitalwert
L_n :	Liquidationserlös in der Periode n
I_0 :	Investitionsauszahlung in der Periode 0

Bei der KWM wird die Zahlungsreihe einer Investition an einer Alternativinvestition gemessen, die sich zum Kalkulationszinssatz verzinst. Ist der Kapitalwert positiv (C>0), so ist die Verzinsung des jeweils gebundenen Kapitals höher als der Kalkulationszinssatz, und das Projekt ist damit vorteilhaft.

Der Kapitalwert lässt nun zweierlei Deutungen zu:
➢ Die effektive Verzinsung der Investition ist höher als der Kalkulationszinsfuß.
➢ Der Kapitalwert zeigt analog zur Gewinnvergleichsrechnung den Gewinn einer Investition auf, wobei es sich im Gegensatz zur Gewinnvergleichsrechnung um den Barwert des Gewinns handelt.

1.2.3.2 Die Interne Zinssatzmethode

Durch die interne Zinssatzmethode (IZM) wird, ähnlich der Rentabilitätsrechnung, die Verzinsung des jeweils gebundenen Kapitals ermittelt. Für die Berechnung der Verzinsung wird der Kapitalwert gleich 0 gesetzt und die Gleichung nach dem internen Zinssatz i aufgelöst.

$$0 = \sum_{t=0}^{n} (E_t - A_t) \cdot \frac{1}{(1+i)^t}$$

17

Die Auflösung der Gleichung bereitet Schwierigkeiten, da eine Gleichung n-ten Grades vorliegt. Die Lösung kann durch Diskontierung mit zwei Versuchszinssätzen und anschließender Interpolation ermittelt werden.

Schätzwert für i: $\quad i_{int} = i_1 + C_0(i_1) \dfrac{i_2 - i_1}{C_0(i_1) - C_0(i_2)}$

Der Fehler der linearen Interpolation nimmt mit dem Interpolationsintervall ab, d.h. um größere Fehler zu vermeiden, sollte ein möglichst kleiner Interpolationsintervall gewählt werden.

Beispiel:

$i_1 = 0,10 \Rightarrow C_0(i_1) = 6,78$

$i_2 = 0,15 \Rightarrow C_0(i_2) = -4,42$

$\Rightarrow i_{int} = 0,1 + 6,78 \dfrac{0,15 - 0,1}{6,78 - (-4,42)} = 0,1303$

Probe: $C_0(0,1303) = -0,2027$

Weitere Iteration:

$i_1 = 0,10 \Rightarrow C_0(i_1) = 6,7769$

$i_3 = 0,1303 \Rightarrow C_0(i_3) = -0,2027$

$\Rightarrow i_{int} = 0,1 + 6,7769 \dfrac{0,1303 - 0,1}{6,7769 - (-0,2027)} = 0,1294$

Probe: $C_0(0,1294) = -0,004 \approx 0 \qquad \Rightarrow i_{int} \approx 12,94\%$

1.2.4 Investitionsfunktion nach KEYNES

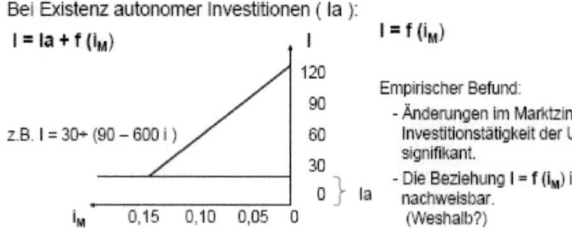

Bei Existenz autonomer Investitionen (Ia):

$I = Ia + f(i_M)$

$I = f(i_M)$

z.B. $I = 30 + (90 - 600 i)$

Empirischer Befund:
- Änderungen im Marktzins (i) beeinflussen die Investitionstätigkeit der Unternehmen nicht signifikant.
- Die Beziehung I = f (i$_M$) ist nur im Wohnungsbau nachweisbar.
  (Weshalb?)

Der Wohnungsbau ist c.p. stark zinsabhängig.
Ursachen:
- Kapitalkosten bestimmen die Kosten
- die Zinshöhe bestimmt die Kapitalkosten
- Wohnungsbaukredite haben lange Laufzeiten
- geringer Risikoaufschlag

1.2.5 Naiver Akzelerator

Y = Gesamtnachfrage

K' = der **gewünschte** Kapitalstock K' steht in
fester, linearer Beziehung zu Y, also

K' = v Y   mit v > 0;   v = Akzelerator
(Proportionalitätsfaktor)

Nachfrageausweitung: $Y_t - Y_{t-1} > 0$ => Engpässe

a) vorübergehend: => keine Investition

b) als dauerhaft angesehen: => gewünschter Kapitalstock steigt sofort: $K_t > K_{t-1}$ => Nettoinvestition
(I_t) zur Kapitalstockerhöhung

$I_t = K'_t - K'_{t-1}$ darin K' = vY eingesetzt, ergibt:

$I_t = v Y_t - v Y_{t-1} = v (Y_t - Y_{t-1}) = v \Delta Y_t$

Annahmen: - Gleichgewichtszustände,
- sofortige Anpassung,
- konstante Skalenerträge,
- konstante Preisrelationen.

$Y_t = Y_{t-1}$ ==> $K'_t = K'_{t-1}$ ==> $I_t = 0$

$Y_t > Y_{t-1}$ ==> $K'_t > K'_{t-1}$ ==> $I_t > 0$

$Y_t < Y_{t-1}$ ==> $K'_t < K'_{t-1}$ ==> $I_t < 0$

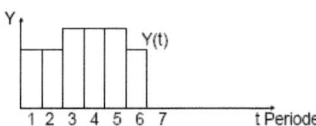

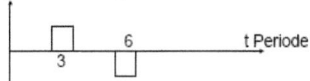

Kritik: Sofortige Anpassung ist unrealistisch

1.2.6 Flexibler Akzelerator

Y = Gesamtnachfrage
K' = gewünschter Kapitalstock
K = vorhandener Kapitalstock

Annahmen im Beispiel:
- einmalige Nachfragesteigerung
- Ausgangs- und Abschlussgleichgewicht

$I_t = g_{it} (v Y_t - K_{t-1})$ $0 < gi < 1$ $\Sigma gi = 1$
z.B. lineare Anpassung in fünf Perioden mit jeweils gi = 0,2
$\Sigma gi = 0,2 + 0,2 + 0,2 + 0,2 + 0,2 = 1$

$I_t = g_{it} (v Y_t - K_{t-1})$

Realität:
- Der gewünschte Kapitalstock kann
stagnieren, steigen oder fallen.
- Gleichgewichte mit K=K* sind selten.
- Lag-Strukturen sind meistens nicht linear.
- Flexible Akzelerator beschreibt die
Entwicklung insbesondere der Ausrüstungs-
investitionen relativ gut.

Kritik: Der Ansatz
- sieht Investitionen allein als Funktion der
Nachfrage.
- vernachlässigt Kosten und Gewinne.
- vernachlässigt die Preisrelation zwischen
Arbeit und Kapital.
- ist nicht in der mikro-ökonomischen
Produktionstheorie begründet.

1.2.7 Neoklassische Theorie

Die neoklassische Investitionstheorie basiert auf der mikroökonomischen Produktionstheorie.

a) Limitationale Produktionsfunktion

Y = f (A, K)

mit: A = Arbeitsmenge,

K = Kapitalmenge,

Y = Outputkapazität,

I = Nutzungskosten der Arbeit,

i = Nutzungskosten des Kapitals

<u>Annahmen:</u> Faktoreinsatzverhältnis ist
ex ante (vor Investition) substituierbar, d.h. alternative Technologien bzw. Expansionspfade je nach Faktorpreisrelation

ex post (nach Investition) feste Relation, keine Substitution, d.h. Faktoren (A,K) sind nur im konstanten Verhältnis (A/K bzw. K/A) produktiv einzusetzen, d.h. der geringere Faktor limitiert den Output. $Y_t = \min (A_t/v_1, K_t/v_2)$, Input-Output-Koeffizienten $v_1 = A/Y$ und $v_2 = K/Y$ <u>bzw.</u> $Y = A\,v_2$ und $Y = K\,v_1$ sind konstant => <u>rechtwinklige</u> Isoquanten für $Y_1, Y_2, Y_3 \ldots, Y_n$

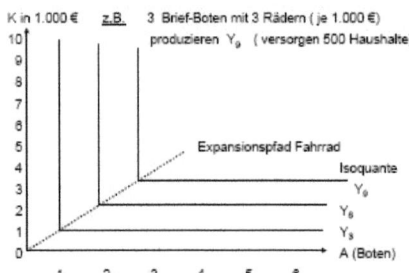

b) Substitutionale Produktionsfunktion

Y = a • K$^\alpha$ • A$^\beta$

mit $\alpha + \beta = 1$; $\beta = 1-\alpha$; $0 < \alpha < 1$

a = Niveaugröße, bei a=1 ist $Y = K^\alpha \cdot A^\beta$
α = partielle Produktionselastizität des Faktors K
β = partielle Produktionselastizität des Faktors A

$Y = a \cdot K^\alpha \cdot A^\beta$
Eigenschaften:
- A und K sind ex ante und ex post zu substituieren (putty-putty)
- positive Grenzproduktivitäten von A und K, d.h. ein Mehreinsatz von A steigert den Output
- abnehmende Grenzproduktivitäten für A und K
- linear homogen vom Grade 1, da $\alpha + \beta = 1$; d.h. die Verdopplung von A+K verdoppelt Y d.h. eine Multiplikation des Inputs mit μ erhöht den Output um μY. $\mu Y = f (\mu A, \mu K)$ mit $\mu > 1$.

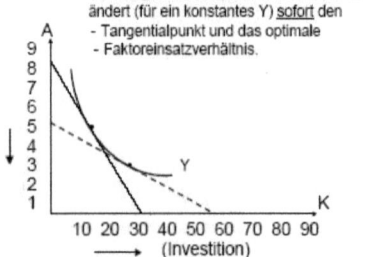

Änderung der Faktorpreisrelation durch Lohn↑ ändert (für ein konstantes Y) <u>sofort</u> den
- Tangentialpunkt und das optimale
- Faktoreinsatzverhältnis.

c) Neoklassische Investitionsfunktion

Annahmen:

1. Friktionslose Welt, homogene Faktoren (A,K), Wettbewerb, ...

2. Unternehmen maximieren Gewinn (Gmax)
   Gewinn = Erlös - Kosten der Arbeit - Kosten der Kapitalnutzung
   $G = P \cdot Y - I \cdot A \quad - i \cdot K \Rightarrow \max$

3. Cobb-Douglas Produktionsfunktion
   $Y = a \cdot K^\alpha \cdot A^\beta \qquad$ mit $\alpha + \beta = 1; \beta = 1-\alpha$

   Eigenschaften:
   - positive, aber abnehmende Grenzproduktivitäten
   - Substitutionsbeziehung zwischen A und K
   - linear homogen vom Grade 1

4. Aus 2 und 3 folgt:
   $G = \underbrace{P \cdot (K^\alpha \cdot A^\beta)}_{\text{Erlöse}} - \underbrace{I \cdot A \quad - \quad i \cdot K}_{\text{Kosten}}$

5. Gesucht:
   Der optimale Kapitalstock,
   bei dem der gewünschte Absatz Y mit dem
   kostenminimalen Faktoreinsatzverhältnis realisiert wird.
   Unternehmen dehnen den Einsatz von K und A so aus, dass das
   - Verhältnis der Grenzprodukte von A und K dem
   - Verhältnis der realen Faktorpreise entspricht:
   $\partial Y / \partial K \big/ \partial Y / \partial A = i/I$

6. Aussage:
   Unternehmen investieren, wenn der
   optimale > vorhandene Kapitalstock $(K_t - K^*_t)$ ist.

   Die Anpassung erfolgt über Nettoinvestitionen, die mit μ_i über
   mehrere Folgeperioden verteilt sind.

   $I_t = \sum \mu_{it} (K^*_t - K^*_{t-1}) \quad$ mit $\mu_i > 0$ und $\sum \mu_i = 1$

Beachte:
K * = f (i Nutzungskosten Kapital, I Nutzungskosten
Arbeit, i/I Faktorpreisrelation, Absatzpreis,
Absatzmenge, Steuersätze, Abschreibungssätze,
Erwartungen, ...)

1.3 Staatsnachfrage und Außenbeitrag

$Y = C_H + I^B \qquad + C_{St} + (Ex - Im)$

$Y = C_H + I^B_U + I^B_{St} + C_{St} + (Ex - Im)$

$Y = C_H + I^B_U + \underbrace{A_{St}}_{\text{Staatsausgaben (werden politisch bestimmt)}} + (Ex - Im)$

Finanzierung der Staatsausgaben durch:
- Steuern
- Kredite
- Notenausgabe

Probleme in Deutschland:
- Ast steigen im Trend und schwanken prozyklisch
- IBst sinken seit Jahren
- Steuerquote (T/BIP) ist sehr hoch gestiegen
- Bruttoverschuldung hat stark zugenommen

Folge: Staatsausgaben müssen gesenkt werden

1.4 Güterwirtschaftliche Gleichgewicht

1.4.1 KEYNES Modell in Gleichungen

I. Definitionsgleichungen
1) Y^d gesamtwirtschaftliche Nachfrage (d= demand)
$$Y^d = C + I$$
2) Y^s gesamtwirtschaftliches Angebot (s= supply)
$$Y^s = Y \qquad (Y = Einkommen)$$

II. Verhaltensgleichungen
3) $C = Ca + c\,Y$ mit $Ca > 0$; $0 < c < 1$
4) $I = Ia$ mit Ia = autonome Investitionen > 0

III. Gleichgewichtsbedingungen
5) $Y^d \equiv Y^s$ (Nachfrage gleich Angebot)
6) $I \equiv S$ (Investitions- gleich Sparvolumen)

Gleichgewichtseinkommen (Yo) ableiten:
Wird in 1) für C 3) und für I 4) eingesetzt

7) $Y^d = Ca + cY + Ia$

und nach 5) mit dem Angebot mit gleich gesetzt, so ergibt sich das Gleichgewichtseinkommen (Yo)

8) $Y^d = Ca + cY + Ia \equiv Y^s$ Yo

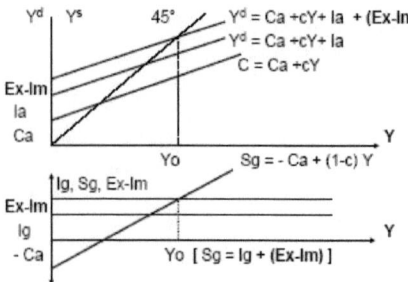

$Y^d > Y^s$

N > A, Lagerabbau, Lieferfristen, Unternehmen erhöhen die Produktion, Y^s steigt, so steigt C wegen cY, N > A, Y^s steigt, ...
Anpassung zu $Y^d = Y^s$

$Y^d < Y^s$

A > N, Lageraufbau (I_{Vor})
Unternehmen senken die Produktion Y^s sinkt, C sinkt wegen cY, ...
Anpassung zu $Y^d = Y^s$

1.4.2 Multiplikator (Modell ohne Staat) / Multiplikatorprozess

I. Definitionsgleichungen
1) $Y^d = C + I$
2) $Y^s = Y$

II. Verhaltensgleichungen
3) $C = Ca + c\,Y$
4) $I = Ia$

III. Gleichgewichtsbedingungen
5) $Y^d \equiv Y^s$
6) $I \equiv S$

Das Gleichgewichtseinkommen ergibt sich, wenn 3) und 4) in 1) eingesetzt und nach 5) gleich gesetzt wird:
8) $Y^d = Ca + cY + Ia = Y^s$ => Yo
9) $\qquad Yo = Ca + cYo + Ia$ $\qquad | -cYo$
10) $Yo - cYo = Ca + Ia$
11) $Yo\,(1-c) = Ca + Ia$ $\qquad | : (1-c)$
12) $\qquad Yo = 1/(1-c) \cdot (Ca + Ia)$
Multiplikator

Multiplikator: $1/(1-c) = 1/s$
Bei normaler Konsumquote ($0<c<1$) steigt Yo nach Zunahme der autonomen Nachfrage (Ia, Ca oder Ex-Im) um ein Vielfaches.

$\Delta Yo = 1/(1-c) \cdot \Delta Ia$

Lundberg-lag:
- Verzögerte Mehrproduktion der Unternehmen
- Sofortige Konsumanpassung

Robertson-lag:
- Verzögerte Konsumanpassung der Haushalte
- Sofortige Mehrproduktion der Unternehmen

1.4.3 Gleichgewicht mit Staat

Keynes:
Der Staat kann die Volkswirtschaft bei **Unterbeschäftigung** durch autonome Nachfrageausweitung zum Gleichgewichtseinkommen führen. (antizyklische Fiskalpolitik)

Staatliche Aktivitäten:

A_{st} Nachfrage nach Konsum- und Investitionsgüter
Tr   Transferzahlungen
Tdir   Direkte Steuern, die das verfügbare Einkommen (Yv) der Haushalte verringern,
z.B. einkommensabhängige Steuer (tY)
z.B. Kopfsteuer (T)

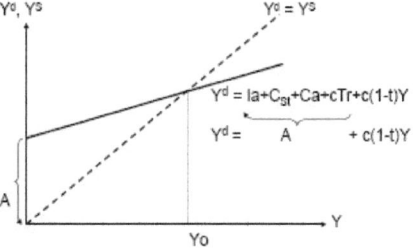

1.4.4 Multiplikatoren von Staatsaktivitäten

a) Staatsausgabenmultiplikator

Er spiegelt die Reaktion des Gleichgewichtseinkommens auf eine Änderung der staatlichen Ausgaben für Waren und Dienstleistungen wieder.

$$1/(1 - c + ct) \cdot \Delta\, CSt = \Delta\, Yo$$

b) Transfermultiplikator

Er gibt die Reaktion des Gleichgewichtseinkommens auf Änderung der staatlichen Transferleistungen an private Haushalte an.

$$c/(1 - c + ct) \cdot \Delta\, TrCt = \Delta\, Yo$$

c) Steuersatzmultiplikator

Er gibt die Reaktion des Gleichgewichtseinkommens auf Änderung des Steuersatzes an.

$$\Delta\, Yo = -\, cYo\, /\, (1\text{-}c\text{+}ct) \cdot \Delta\, t$$

Der Steuermultiplikator ist negativ. Eine Erhöhung des Steuersatzes bewirkt eine Verringerung des Gleichgewichtseinkommens und umgekehrt, da die Erhöhung des Steuersatzes eine Verringerung des verfügbaren Einkommens der privaten Haushalte bedeutet.

23

1.4.5 Güterwirtschaftliches Gleichgewicht I = S

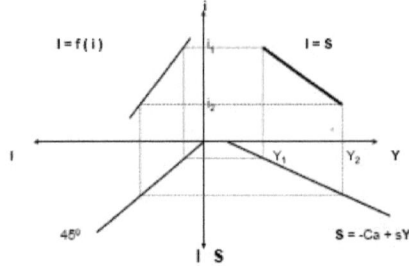

I S - Funktion
=> geometrischer Ort aller Beziehungen von i zu Y,
bei denen die Gleichgewichtsbedingung
I geplant = S geplant bzw.
A geplant = N geplant erfüllt wird.

IS – Funktion:
Geometrischer Ort aller Beziehungen von i zu Y, bei denen die Gleichgewichtsbedingungen I = S und A = N erfüllt sind.

Kombinationen von Zinssatz und Einkommen oberhalb der IS-Linie sind gleichbedeutend mit einem Angebotsüberschuss am Gütermarkt. Es werden Anpassungsprozesse ausgelöst, durch die die Produktion und/ oder der Zinssatz sinkt. Eine Verringerung der Produktion führt zu einem Rückgang der geplanten Nachfrage. Hierbei sinkt die geplante Nachfrage wegen des Multiplikators langsamer als die Produktion. Der Angebotsüberschuss wird somit abgebaut, bis ein neues Gleichgewicht erreicht ist. Der Angebotsüberschuss kann auch abgebaut werden durch eine Zinssenkung. Hierbei führt die Zinssenkung zu einer Abnahme der geplanten Investitionsnachfrage.

Verschiebung der IS-Kurve:
• Ca sinkt: S und IS-Kurve verschieben sich parallel nach innen
• Ca steigt: S und IS-Kurve verschieben sich parallel nach außen

• Ia sinkt: I und IS-Kurve verschieben sich parallel nach innen
• Ia steigt: I und IS-Kurve verschieben sich parallel nach außen

• CSt sinkt: I und IS-Kurve verschieben sich parallel nach innen
• CSt steigt: I und IS-Kurve verschieben sich parallel nach außen

• (Ex-Im) sinkt: S und IS-Kurve verschieben sich parallel nach innen
• (Ex-Im) steigt: S und IS-Kurve verschieben sich parallel nach außen

Drehung der IS-Kurve:
• c sinkt: Die Steigung von S und IS-Kurve nehmen zu und drehen sich nach innen
• c steigt: Die Steigung von S und IS-Kurve nehmen ab und drehen sich nach außen

• s sinkt: Steigung von S und IS-Kurve nehmen ab und drehen sich nach außen

- s steigt: Steigung von S und IS-Kurve nehmen zu und drehen sich nach innen

- t sinkt: Steigung von S und IS-Kurve nehmen ab und drehen sich nach außen
- t steigt: Steigung von S und IS-Kurve nehmen zu und drehen sich nach innen

- Zinsreagibilität sinkt: I und die IS-Kurve drehen sich nach innen
- Zinsreagibilität steigt: I und die IS-Kurve drehen sich nach außen

- Investitionsneigung sinkt: I und die IS-Kurve drehen sich nach innen
- Investitionsneigung steigt: I und die IS-Kurve drehen sich nach außen

2. Der Geldsektor

2.1 Funktion des Geldes

Die Wirtschaftssubjekte benutzen Geld als Zahlungsmittel, als Recheneinheit und als Wertaufbewahrungsmittel. Als Zahlungsmittel dient Geld als allgemeines Tauschmittel bei der Abwicklung der wirtschaftlichen Transaktionen. Als Recheneinheit dient Geld, um alle Preise in Einheiten eines einzigen Mediums auszudrücken. Als Wertaufbewahrungsmittel dient Geld als Aktivum, um Vermögen aufzubewahren. Erfüllt ein Objekt diese Funktionen einzeln oder alle zusammen, dann dient dieses Objekt als Geld.

2.2 Geldmengendefinition

Geldmenge M1:
- Bargeldumlauf
- Täglich fällige Einlagen

Geldmenge M2:
- Geldmenge M1
- Einlagen mit einer Laufzeit von bis zu 2 Jahren
- Einlagen mit Kündigungsfrist von bis zu 3 Monaten

Geldmenge M3·
- Geldmenge M2
- Repogeschäfte
- Geldmarktfondsanteile und Geldmarktpapiere
- Schuldverschreibungen bis zu 2 Jahren

2.3 Geldnachfrage

Determinanten der Geldhaltung:

a) Transaktionsmotiv

Bargeldbestände und Sichteinlagen bei Banken werden als Zahlungsmittel benutzt. Die Haltung eines Bestandes an Zahlungsmitteln stiftet den Wirtschaftssubjekten einerseits

Nutzen und verursacht andererseits Kosten. Aus der Abwägung des Nutzens und der Kosten von Zahlungsmittelbeständen resultiert ein bestimmter Zahlungsmittelbestand, der zur Abwicklung der mit Sicherheit erwarteten laufenden Transaktionen zu halten gewünscht wird. Dieses Motiv zur Geldhaltung wird als Transaktionsmotiv und der betreffende Zahlungsmittelbestand als Transaktionskasse bezeichnet. Transaktionskasse besteht somit ausschließlich aus Geldbeständen, die zum Geldvolumen M1 zählen. Die Nachfrage nach Transaktionskasse steigt mit zunehmendem Einkommen und sinkt mit zunehmendem Zins.

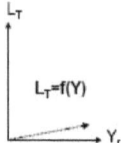

b) Vorsichtsmotiv

Das Vorsichtsmotiv der Geldhaltung resultiert aus der Tatsache, dass Umfang und Zeitpunkt künftiger Zahlungsausgänge nicht mit Sicherheit vorausgesehen werden können. Es kann zu unerwartet eintretenden Zahlungsverpflichtungen kommen. Dies kann mit erheblichen Kosten verbunden sein. Der Nutzen eines Vorsichtsbestandes an Geld besteht also darin, die aus Illiquidität resultierenden Kosten vermeiden zu können. Die Höhe des Vorsichtsbestandes ist abhängig von der Eintrittswahrscheinlichkeit und dem Umfang der möglichen Zahlungsverpflichtungen. Diese Größen sind ihrerseits in der Regel abhängig von der Höhe des Einkommens. Der aus dem Vorsichtsmotiv gehaltene Geldbestand steigt somit mit zunehmendem Einkommen.

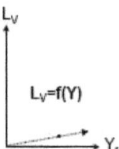

c) Spekulationsmotiv

Bei dem Spekulationsmotiv der Geldhaltung steht die Wertaufbewahrungsfunktion des Geldes im Vordergrund. Vermögen kann in verschiedene Anlageformen gehalten werden. Die Vermögensanlage in Form eines Geldbestandes (Spekulationsbestand) bietet den Vorteil, dass Kursverluste vermieden werden. Die Kosten eines Spekulationsbestandes bestehen in der Möglichkeit, dass in der Wertpapieranlage eine höhere Verzinsung erzielt werden kann. Der Umfang der aus dem Spekulationsmotiv gehaltenen Geldbestände hängt somit ab von der Erwartung über die künftige Zinsentwicklung.

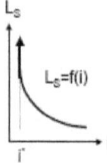

d) Vermögensmotiv

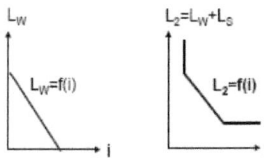

Liquiditätspräferenzfunktion L → reale Geldnachfrage

$$L = L_1(Y) + L_2(i) = L_T + L_W + L_V + L_S$$

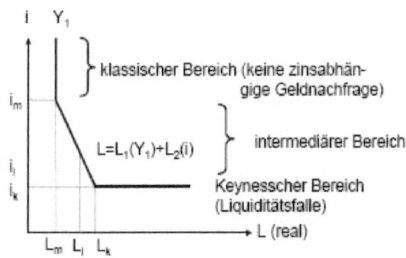

2.4 Geldangebot

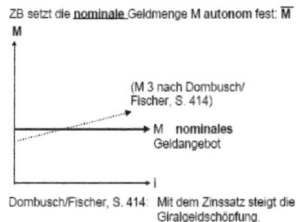

2.5 Geldschöpfung

2.5.1 Geldschöpfung durch die EZB

a) Tenderverfahren
- Mengentender: EZB bietet Geldbetrag zu einem bestimmten Zinssatz den Geschäftsbanken an. Wenn Nachfrage zu hoch, teilt EZB den Geschäftsbanken das Geld zu.
- Zinstender: EZB bietet einen Geldbetrag an, ohne dass ein Zins genannt wird. Die Geschäftsbanken machen Zinsvorschläge und die EZB teilt ihnen das Geld zu.

b) Wertpapierkauf von Geschäftsbanken
c) Devisenverkauf

2.5.2 Geldschöpfung durch die Geschäftsbanken = Giralgeldschöpfung

a) **passivische Geldschöpfung** durch ZB-Geld Einzahlung

Aktiva	Nichtbank (z.B.Uex)	Passiva
Kasse	- 100	
Sichtguthaben	+100	
(Aktivtausch)		

Aktiva	Geschäftsbank "A"	Passiva
Kasse	+100	Sichteinlagen +100
(Bilanzverlängerung)		

b) **aktivische Geldschöpfung:**

Annahmen: 10 % Mindestreservesatz,
            50 % Bargeldhaltung

Aktiva	Geschäftsbank "A"	Passiva
ZB Guthaben +100	Sichteinlagen Uex +100	
(davon MR	10)	
(davon ÜR	90 -> ÜR freie Überschuss-Reserve)	
+100	+100	

27

2.6 Gleichgewicht im Geldsektor

reale Geldangebot (M/P) ≡ reale Geldnachfrage (L=L1+L2)

Beachte:
1. Die ZB fixiert das nominale Geldangebot autonom: $\overline{M}$.
   D.h. ZB verfolgt <u>kein</u> Zinsziel (entweder M oder i als Ziel).
2. Das nominale Geldangebot ist um das <u>Preisniveau</u> zu korrigieren, da sich die Geldnachfrage auf reale Größen bezieht.

z.B. Bei Y_1 besteht nur bei i_1 ein Gleichgewicht (M/P = L).
z.B. Bei Y_2 besteht nur bei i_2 ein Gleichgewicht (M/P = L).

Die LM-Kurve ist der geometrische Ort aller Kombinationen von Zinssatz und Einkommen, in dem sich der Geldmarkt im Gleichgewicht befindet. L steht für Geldnachfrage und M steht für Geldangebot.

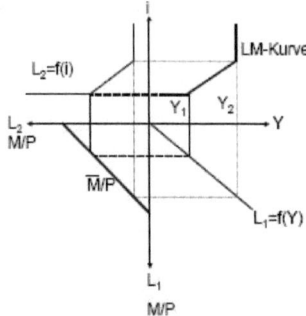

Kombinationen von Zins und Einkommen oberhalb der LM-Linie bedeuten einen Angebotsüberschuss am Geldmarkt. Es ist mehr Geld im Umlauf, als bei dieser Kombination aus Zins und Einkommen nachgefragt wird. Es werden Anpassungsprozesse ausgelöst, durch die der Zins sinkt und/oder das Einkommen steigt. Umgekehrt sind Kombinationen unterhalb der LM-Linie Situationen eines Nachfrageüberschusses am Geldmarkt, der durch Zinssteigerung und/oder Einkommenssenkung ausgeglichen werden kann.

Aus den Gleichgewichtsbedingungen ergibt sich als Funktion für die LM-Linie:

$$i = \frac{1}{h} \cdot \left(k \cdot Y - \frac{M}{P} \right)$$

Die LM-Linie ist also umso steiler, je größer k und je kleiner h ist. Der Parameter h beschreibt die Zinsabhängigkeit der Geldnachfrage. Bei gegebener Einkommensabhängigkeit (Parameter k) ist also die Linie umso steiler, je niedriger die Zinselastizität der Geldnachfrage ist.
Der eine Extremfall besteht darin, dass die Zinselastizität der Geldnachfrage Null ist. Die Höhe des Zinses spielt für die Geldnachfrage überhaupt keine Rolle. In diesem Fall verläuft die LM-Linie senkrecht.
Der andere Extremfall besteht darin, dass die Zinselastizität der Geldnachfrage im Grenzfall unendlich groß ist. Keynes nennt dies die Liquiditätsfalle. Das Geld wird nicht gehalten, um damit die laufenden Einnahmen und Ausgaben abzuwickeln, sondern nur aus spekulativen Vermögensüberlegungen. Das Geld verschwindet in der Liquiditätsfalle. In diesem Fall verläuft die LM-Linie waagrecht.

Verschiebung der LM-Kurve:

- M (Geldmenge) sinkt: $\dfrac{\overline{M}}{P}$ und LM verschieben sich parallel nach innen

- M (Geldmenge) steigt: $\dfrac{\overline{M}}{P}$ und LM verschieben sich parallel nach außen

- P (Preisniveau) sinkt: $\dfrac{\overline{M}}{P}$ und LM verschieben sich parallel nach außen

- P (Preisniveau) steigt: $\dfrac{\overline{M}}{P}$ und LM verschieben sich parallel nach innen

- V (Umlaufgeschwindigkeit) sinkt: L1 und LM-Kurve drehen steiler nach innen
- V (Umlaufgeschwindigkeit) steigt: L1 und LM-Kurve drehen flacher nach außen

- K (Kassenerhaltungskoeffizient) sinkt: L1 und LM-Kurve drehen flacher nach außen
- K (Kassenerhaltungskoeffizient) steigt: L1 und LM-Kurve drehen steiler nach innen

- Y (Einkommen) sinkt: L1 und LM-Kurve drehen steiler nach innen
- Y (Einkommen) steigt: L1 und LM-Kurve drehen flacher nach innen

3. Die simultane Erfassung von Güter- und Geldsektor

3.1 Gesamtwirtschaftliches Gleichgewicht IS - LM

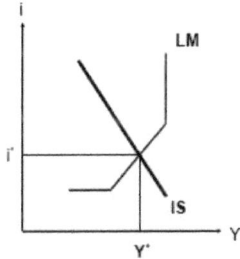

Die Geld- und Fiskalpolitik sind Teil der staatlichen Stabilisierungspolitik. Geldpolitik ist staatliche Steuerung des Wirtschaftsablaufs durch den Einsatz geldpolitischen Instrumentariums der Zentralbank. Fiskalpolitik ist staatliche Steuerung des Wirtschaftsablaufs durch den Vollzug öffentlicher Haushalte.

Eine expansive Geldpolitik besteht darin, dass die EZB durch Einsatz geldpolitischer Instrumente die Geldmenge ausdehnt, was eine Verschiebung der LM-Kurve nach rechts bedeutet. Der Angebotsüberschuss am Geldmarkt führt also zunächst zu einer Zinssenkung, bis die geplante Geldnachfrage auf das Niveau der ausgedehnten Geldmenge angestiegen ist. In dieser Situation herrscht jedoch dann am Gütermarkt ein Nachfrageüberschuss. Die Zinssenkung hat eine Zunahme der geplanten Investitionsnachfrage zur Folge. Der Nachfrageüberschuss am Gütermarkt verursacht eine Erhöhung von Produktion und Einkommen. Die Abbildung macht deutlich, dass eine bestimmte Ausdehnung der Geldmenge ein umso größeres Nachfragewachstum bewirkt, je steiler die LM-Linie und je flacher die IS-Linie verläuft.

Eine expansive Fiskalpolitik wirkt auf die Höhe des Gleichgewichtseinkommens nicht indirekt über eine Erhöhung der gesamtwirtschaftlichen Nachfrage. Dem Staat stehen hierbei verschiedene Instrumente zur Verfügung. Es kommen alle Maßnahmen in Betracht, die auf das güterwirtschaftliche Gleichgewicht expansiv wirken. Hiernach kommen als expansive Maßnahmen in Betracht:

- Senkung des Einkommensteuersatzes
- Erhöhung der Transferzahlungen an private Haushalte
- Erhöhung der staatlichen Nachfrage nach Waren und Dienstleistungen
- Senkung des Steuersatzes auf Kapitaleinkünfte

Jede Erhöhung der Staatsausgaben muss finanziert werden entweder durch eine Steuererhöhung oder durch eine zusätzliche Verschuldung auf dem Kapitalmarkt.

Eine Senkung des Einkommensteuersatzes bewirkt, dass die IS-Linie flacher verläuft. Die anderen drei Maßnahmen bewirken eine Verschiebung der IS-Linie nach rechts. Jede der Maßnahmen hat somit einen expansiven Effekt auf das Gleichgewichtseinkommen.

3.2 Staatsausgabenerhöhung

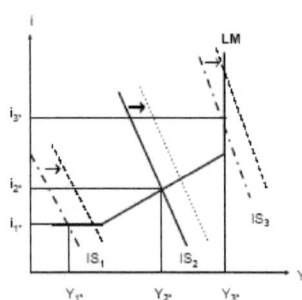

keynesscher Bereich ⟹ IS$_1$: i* (konstant), Y* ↑ (stark)
intermediärer Bereich ⟹ IS$_2$: i*↑, Y*↑
klassischer Bereich ⟹ IS$_3$: i*↑, Y* (konstant)

Wirkungen einer Erhöhung der Staatsnachfrage (A$_{ST}$ ↑) je nach dem alternativen Ausgangsgleichgewicht (i*, Y*)
1) keynesscher Bereich der LM-Funktion (Liquiditätsfalle: LM verläuft parallel zur Y-Achse, freie Kapazitäten)
2) intermediärer (normaler) Bereich der LM-Funktion
3) klassischer Bereich der LM-Funktion (nur Trans-aktionskasse, keine zinsabhängige Geldnachfrage, Kapazitätsgrenze)

3.3 Geldmengenerhöhung

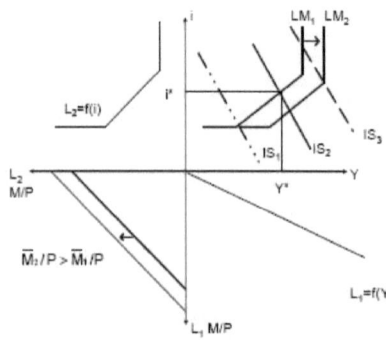

Alternative Fälle zum Ausgangsgleichgewicht IS=LM:

keynesscher Bereich ⟹ IS$_1$:i* und Y* konstant
(Δ M wandert in die Spekulationskasse, keine I)

intermediärer Bereich ⟹ IS$_2$:i*↓ und Y*↑
(Δ M, L$_T$↑, Wertpapiernachfrage↑, Kurs↑, Zins↓, i↓, I↑, Y*↑)

klassischer Bereich ⟹ IS$_3$:i*↓, I ↑, Kapazität ↑ und Y*↑

30

3.4 Arbeitsnachfrage der Unternehmung

Annahmen der neoklassischen Theorie:
- Produktionsfunktion
- Konstanter Kapitalstock
- Gewinnmaximierende Unternehmen
- Abnehmende Grenzproduktivität der Arbeit

Maximierung des Unternehmensgewinns:
Arbeitseinsatz so weit ausdehnen, bis das Grenzprodukt der Arbeit gleich den Nutzungskosten der Arbeit ist.

Die nachgefragte Arbeitsmenge ist bei gegebenem Kapitalstock und dadurch gegebenen Verlauf der Grenzproduktivität der Arbeit
- vom Nominallohn und
- vom Preisniveau des Gutes abhängig

3.5 Gesamtwirtschaftliche Arbeitsproduktivität

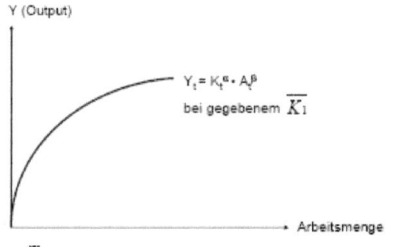

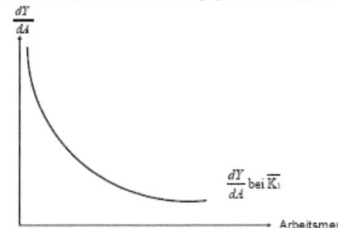

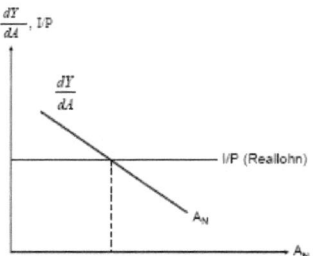

Das von den Unternehmen nachgefragte Arbeitsvolumen (A_N) ist
⇒ vom Verlauf der **Grenzproduktivität** der Arbeit und
⇒ vom **Reallohnsatz** bzw.
 → vom **Nominallohn** und
 → vom **Preisniveau** der produzierenden Güter
abhängig.

Wenn der Kapitalstock steigt, dann erhöht sich die Arbeits-produktivität und das nachgefragte Arbeitsvolumen nimmt zu.

3.6 Vollbeschäftigung

Annahme: einheitlicher homogener Markt

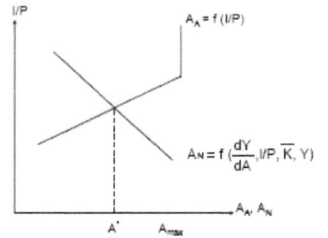

Natürliche (freiwillige) Arbeitslosigkeit = $A_{max} - A^*$

Bei Vollbeschäftigung besteht definitionsgemäß
- keine **strukturelle** Arbeitslosigkeit aus Quali-fikationsunterschieden (Heterogenität),
- keine **friktionelle** aus Intransparenz, aber
- eine natürliche Arbeitslosigkeit.

31

3.7 Arbeitslosigkeit

a) **Mindestlohn-Arbeitslosigkeit [Mindestlohn $(l/P)_M > (l/P)^*$]**

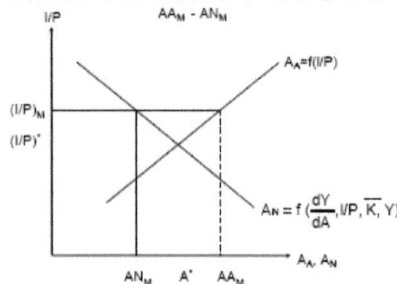

b) **Kapitalmangel-Arbeitslosigkeit (Kapitalstock $K_1 > K_2$)**

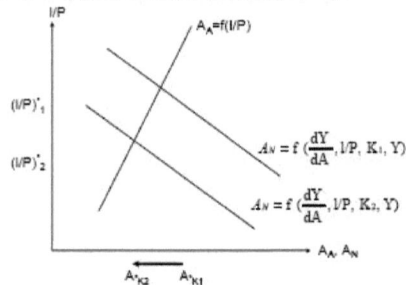

Annahme: starker Auftrags-/Nachfragerückgang $Y_1 > Y_2$

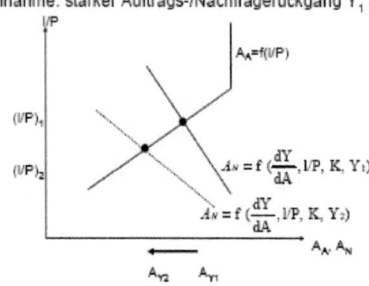